D0769743

Le langage
du don

Jacques T. Godbout

Le langage
du don

Éditions Fides

MONTRÉAL

Musée de la civilisation

QUÉBEC

Cette conférence a été prononcée le 17 mars 1993
au Musée de la civilisation à Québec.

Données de catalogage avant publication (Canada)

Godbout, Jacques T.
Le langage du don
(Les grandes conférences)
Comprend des réf. bibliogr.
Publ. en collab. avec le Musée de la civilisation, Québec.

Conférence prononcée au Musée de la civilisation, Québec, le 17 mars 1993.
ISBN 2-7621-1865-4

1. Générosité.
I. Musée de la civilisation (Québec).
II. Titre.
III. Collection.

BJ1533.G4G623 1966   179'.9   95-9417590-1

Dépôt légal: 1ᵉʳ trimestre 1996
Bibliothèque nationale du Québec
© Musée de la civilisation et Jacques T. Godbout, 1996.

Cet ouvrage est distribué par les Éditions Fides,
165, rue Deslauriers, Saint-Laurent H4N 2S4
tél.: 745-4290, télex: 745-4299

Les Éditions Fides bénéficient de l'appui
du Conseil des arts du Canada et
du ministère de la Culture du Québec.

Je remercie le Musée de la civilisation de son invitation à venir m'entretenir avec vous du don dans le cadre de son événement sur le langage de l'amour. Le langage du don n'est pas sans lien, vous vous en doutez bien, avec celui de l'amour. Mais commençons par le commencement: le langage du don. Cette formule peut renvoyer à deux réalités différentes. D'abord le don comme langage. Le don peut être un langage en soi. C'est ce qu'exprime la publicité des fleuristes: «Dites-le avec des fleurs.» Quel est ce langage du don? Qu'exprime-t-il? Voilà une première question. Mais il existe aussi un langage au sens strict, des mots qui accompagnent ordinairement le don. «Merci» est évidemment le mot qui vient immédiatement à l'esprit. Mais il y en a beaucoup d'autres, et aussi des expressions comme «C'est trop, tu n'aurais pas dû», au moment de la réception d'un cadeau par exemple. Que signifie ce langage en partie codé qui accompagne le don? Et comment interprète-t-on en général le langage du don?

Dans la société moderne, on a tendance à considérer le don comme une hypocrisie. D'abord le langage qui accompagne le don; mais aussi le don lui-même, le premier étant un indice du deuxième. Je vais essayer de critiquer cette interprétation dominante qui veut que le langage du don soit un langage hypocrite et qu'il n'existerait au fond chez l'être humain — et plus particulièrement chez le moderne — qu'une seule motivation fondamentale, celle de gagner toujours plus. Le langage du don serait en fait un langage qui exprime l'intérêt, mais qui a la particularité de se camoufler derrière la gratuité et la générosité, derrière le contraire de ce qu'il exprime réellement.

Si je voulais résumer l'exposé que je vais faire, je dirais qu'on va tenter de passer progressivement d'une théorie ou d'une idée, celle de l'appât du gain, jusqu'à suggérer son contraire, l'idée de l'appât du don.

Pour ce faire commençons par nous demander d'abord comment nous en sommes arrivés à penser ainsi en Occident. Comment s'est généralisée cette vision de l'appât du gain?

L'appât du gain

Cette idée de l'appât du gain a en fait de très vieilles racines. Depuis des temps immémoriaux dans l'histoire de l'humanité occidentale, on considère l'appât du gain comme étant quelque chose qui va de soi, comme étant quelque chose qui non seulement existe chez tous les individus, mais qui est la tendance première, la tendance naturelle de tous les êtres humains: celle d'acquérir plus, celle de gagner plus, celle que j'appelle l'appât du gain. Certains vont même jusqu'à avancer que c'est la seule tendance qui existe, le seul moteur de l'action, la seule motivation profonde des comportements humains. Je ne veux pas insister là-dessus, je pense que c'est une idée assez courante, partagée notamment par la plupart des économistes.

Cette idée a pris plusieurs formes dans l'histoire de l'Occident, qu'il n'est pas inutile de rappeler à très grands traits pour répondre à notre question. Si on commence vraiment par le commencement, on la retrouve sous sa forme religieuse, avec l'idée du péché originel. C'est dire que même avant le christianisme, à l'époque de l'Ancien Testament, on considérait que l'Homme, puisque créé par Dieu, était né bon et généreux. Mais à cause du péché originel, c'était un être déchu, et il y avait dorénavant et pour toujours cet égoïsme qui devenait un trait fondamental chez l'être humain. Tous les efforts de l'Église et de la religion consistaient — et consistent encore en partie aujourd'hui — à essayer de faire en sorte que les humains contrôlent ces passions mauvaises qui sont le fruit du péché originel, passions qui nous conduisent notamment à vouloir acquérir toujours plus, à vouloir recevoir toujours plus.

Avec l'époque des Lumières, et l'apparition de ce qu'on appelle la modernité qui s'est installée en Occident depuis quelques siècles, on a été conduit à transformer fondamentalement cette vision des choses, sans en changer pour autant la base. Mandeville est celui qui est généralement reconnu pour avoir été à l'origine intellectuelle de ce changement, au XVIIIᵉ siècle. Partant de ce constat du christianisme et du judaïsme, Mandeville reconnaît que l'homme a des tendances mauvaises. Mais, sous la forme d'une fable (*La fable des abeilles*, publiée au début du XVIIIᵉ siècle), il ajoute une idée qui a fait scandale à son époque, et qui est à l'origine de la société actuelle. C'est que même si elles sont mauvaises en soi, ces tendances ont des effets positifs pour la société. Elles sont utiles à la société. Elles assurent la prospérité de la société. C'est cette idée que Adam Smith va reprendre cinquante ans plus tard et qu'il va transformer en une sorte de morale de l'intérêt. Depuis Adam Smith, l'économie et la philosophie considèrent que pour que la société fonctionne bien, chacun doit poursuivre cet intérêt égoïste. C'est de cette façon que la société atteindra l'intérêt collectif, et même le bonheur collectif (Bentham).

C'était évidemment tout à fait scandaleux et ce fut condamné par la morale traditionnelle. C'est encore condamné aujourd'hui d'ailleurs par l'Église catholique qui rejette le libéralisme économique comme philosophie. Il faut admettre que ce n'est pas une mince affaire. Ce n'est rien de moins que de transformer le vice en vertu (le sous-titre de l'ouvrage de Mandeville n'est-il pas: *vices privés, vertus publiques*), de faire de l'avidité, et même de l'avarice, un service à la collectivité, comme le montre bien Hirschman dans son ouvrage sur les passions et les intérêts. D'abord un péché mortel, puis véniel, de loin préférable à la passion du pouvoir par exemple, ces penchants se transforment carrément en vertu ayant notamment la propriété d'adoucir les mœurs (l'expression «doux commerce» est courante à l'époque même en langue anglaise), et sont de loin préférables aux passions violentes qui déchaînaient les guerres.

C'est ainsi que l'échange marchand en vue d'un profit, un acte qui avait été considéré le plus souvent avec mépris par la plupart des sociétés humaines jusqu'à ce jour (qu'on songe à la Grèce antique où les commerçants étaient mal vus, ou à la plupart des sociétés archaïques — voir à ce sujet Malinowski, p. 250), va devenir extrêmement valorisé dans une société, la nôtre. On va transformer les membres de ces sociétés en producteurs et en échangeurs de produits, et la production des *biens* va l'emporter sur la qualité des *liens* dans cette société.

Autre fait qui mérite d'être souligné en passant: l'avidité n'était pas considérée bonne en soi, mais en raison de ses conséquences positives. Cela introduisait en même temps, mais plus subrepticement cette fois, un autre bouleversement majeur puisqu'à l'avenir on aura tendance à juger un acte sur ses conséquences seulement, et non plus sur sa valeur morale en soi. C'est le fondement de l'utilitarisme (Gouldner). Mais c'était un grand renversement par rapport à la position traditionnelle religieuse, pour laquelle il existe un caractère intrinsèquement bon ou mauvais des actes indépendamment de leurs conséquences, mais dépendant de leur intention. Dorénavant ce n'est plus l'intention qui compte, mais seulement le résultat. Cette façon de voir s'est répandue jusqu'à aujourd'hui et constitue un paradigme dominant les sciences sociales: celui de la rationalité instrumentale (ou la théorie des choix rationnels).

Cela signifie que l'espèce humaine est définie comme maximisant ses gains en prenant des décisions résultant d'un calcul des avantages et des inconvénients, des plaisirs et des peines, disait Bentham, philosophe anglais qui a développé les idées de Mandeville et qu'on considère comme le père de cette philosophie qui domine aujourd'hui et qui a aussi pour nom l'utilitarisme.

Et le don?

C'est cette philosophie que je résume par une formule: l'appât du gain. Qu'est-ce que devient le don dans ce contexte? Deux choses possibles: dans ce contexte, le don peut être soit un moyen pour acquérir plus, c'est-à-dire qu'il peut être instrumental. Il peut être un instrument pour le but final qui est toujours le gain. Un exemple? Le marchand qui vous donne un calendrier à l'époque des Fêtes. Il vous fait un don mais on sait très bien que c'est un moyen pour attirer et fidéliser sa clientèle, comme on dit. Dans le contexte de l'appât du gain, le don ce n'est que cela; ou alors c'est une idée qui est complètement dépassée, naïve. C'est un résidu de la vieille morale traditionnelle qui existait avant la modernité. Autrement dit, dans un cas comme dans l'autre, le vrai «don» n'existe plus, si jamais il a déjà existé de toute façon. Telle est l'interprétation qu'on peut faire à partir de la philosophie ou de l'approche actuelle dominante, dont on vient de tracer rapidement l'origine.

Le don existe encore

Mais ce n'est pas parce qu'une vision de la société domine qu'elle correspond à la réalité de cette société. Il est donc pertinent de se demander ce qui fait fonctionner la société actuelle, et en particulier s'il est exact que le don n'existe plus que comme résidu folklorique ou comme moyen pour satisfaire l'appât du gain.

On constate rapidement qu'il y a tout un ensemble de faits qui vont dans le sens contraire. Un premier fait intéressant à relever, à titre anecdotique à tout le moins, c'est que souvent ces mêmes personnes qui affirment que tous les individus dans la société ne cherchent que l'acquisition, que le gain, vont ajouter que ça ne s'applique pas à eux. C'est même le contraire. Ils ont tendance à faire état de leur générosité tout en déplorant l'égoïsme des autres. Quand je rédigeais ce livre sur le don, j'étais très habité par cette écriture et j'en parlais à tous ceux que je rencontrais. J'ai alors souvent observé la réaction suivante. Au début on disait: «Mais voyons, le don, c'est une belle idée. Mais ça n'existe plus! Pourquoi faire un livre là-dessus?» Mais plus la conversation s'engageait, plus mon interlocuteur s'éloignait de cette réaction spontanée et finissait souvent par me raconter des histoires de dons extraordinaires, que j'ai d'ailleurs rapportées dans mon livre[1]. Ils modifiaient donc leur vision du don à mesure qu'ils en parlaient.

Ce sondage sans aucune valeur statistique évidemment rejoint toutefois les travaux récents d'un politicologue américain, Robert A. Lane. Ce dernier a publié en 1991 un gros bouquin portant sur l'expérience marchande (*The Market Experience*), dans lequel il s'est amusé à faire la recension des innombrables enquêtes et sondages qui posent la question: «Qu'est-ce qui est le plus important pour vous dans la vie?» Il a découvert que, dans aucune des enquêtes, le revenu n'arrive en tête. On y fait beaucoup plus état d'éléments comme *se réaliser, être bien dans sa famille, avoir des relations familiales harmonieuses*. Ce n'est pas la consommation qui arrive en tête dans aucune des enquêtes qu'il a compilées pour répondre à cette question. On peut donc penser que l'appât du

---

1. *L'esprit du don*. En collaboration avec Alain Caillé, Montréal et Paris, Boréal et La Découverte.

gain ne ressort pas dans ces enquêtes comme étant effectivement la principale motivation des gens dans une société, comme étant ce qui fait principalement courir les individus modernes. Et pourtant chacun sait qu'ils courent, puisque par ailleurs une des choses qui leur manque le plus, toujours selon les sondages, c'est le temps!

D'autres faits peuvent être mentionnés qui invitent à se poser des questions par rapport à cette interprétation dominante de l'appât du gain. Au Québec — et on retrouve ce phénomène partout —, il y a plus d'un million de bénévoles, plus d'un million de personnes qui font du bénévolat. (Il y en aurait même trois millions selon la Fédération des centres d'action bénévole du Québec.) Certes on peut toujours adopter l'hypothèse cynique — ou réaliste, dira-t-on —, et rétorquer que cette activité est purement instrumentale, qu'elle est un moyen pour obtenir autre chose. Et personne ne songerait à nier qu'effectivement le bénévolat est pour plusieurs personnes un moyen. Il y a des gens qui vont faire du bénévolat pour éventuellement acquérir de l'expérience et se trouver ainsi un emploi. Ce n'est d'ailleurs évidemment pas condamnable. En outre chacun connaît des histoires sordides de détournement de fonds dans le milieu des organismes qui vivent de dons. Ce qui est un peu plus condamnable, mais n'a pas à nous étonner. Mais ce n'est pas la majorité des cas. Et dans toutes les enquêtes auprès des bénévoles, cela représente une minorité d'entre eux. Une proportion de plus en plus importante des bénévoles sont des personnes à la retraite, et par définition les retraités ne sont pas là pour chercher un emploi rémunéré.

On peut rétorquer que malgré tout ils agissent pour eux. Si on reste avec l'exemple des retraités on affirmera qu'ils font ça pour se désennuyer, et donc au fond qu'ils pensent à leur intérêt. Mais cette affirmation ne va pas sans problèmes. Elle s'explique moins bien en termes purement d'intérêt et d'appât du gain, parce qu'il me semble que si c'est simplement par intérêt, c'est beaucoup plus intéressant de se désennuyer en regardant la télé, en voyageant, en faisant toutes ces choses fantastiques que nous offre la société moderne. Alors pourquoi font-ils du bénévolat plutôt qu'autre chose? C'est la question à se poser. Peut-être parce qu'ils ne peuvent pas se payer autre chose, parce qu'ils n'ont pas les moyens? Rappelons à ce sujet que les enquêtes montrent que les gens qui font du bénévolat, sans être riches, sont plutôt des gens à revenus moyens et au-dessus de la moyenne. Des enquêtes plus qualitatives (comme celle de Wutnow, par exemple) montrent en fait que la majorité affirment effectivement recevoir beaucoup en faisant du bénévolat: de la reconnaissance, de l'estime de soi, de l'amitié. Mais ils affirment aussi qu'ils ne font pas de bénévolat pour ça, qu'ils le font d'abord pour aider, mais qu'en aidant ils s'aident aussi eux-mêmes. On pourrait longuement discuter ces résultats. Il suffit ici de constater que quelle que soit l'interprétation qu'on en donne on est loin de l'appât du gain. Et que s'ils gagnent quelque chose cela arrive par surcroît, ce n'est pas le but visé.

Je pourrais continuer à énumérer plein de faits qui montreraient que le don n'a absolument pas disparu de la société moderne. Même chez les enfants. Chacun sait que l'enfant traverse une phase où il dit: «C'est à moi, je ne te le prête pas, je veux le garder...» Il veut en avoir toujours plus et il retient ce qu'il a. Mais des chercheurs (recherche rapportée dans *L'esprit du don*) ont observé les enfants en se posant certaines questions, par rapport au don justement, et ils sont arrivés à constater, très tôt, avant même le contrôle du langage, ce qu'ils ont appelé l'imitation de l'offrande: dans une garderie, l'enfant A donne quelque chose, passe quelque chose à l'enfant B et l'enfant B va le passer à l'enfant C, va l'offrir. Et ils ont observé que ceux qui avaient le plus ce comportement d'offrande devenaient généralement les leaders du groupe. Ce qui n'est pas inintéressant non plus.

On donne encore et on donne beaucoup. Je n'ai pas mentionné les cadeaux, les réceptions; les gens se reçoivent, c'est drôle d'ailleurs qu'on dise «recevoir», alors qu'en fait on donne quelque chose quand on reçoit... Je termine actuellement une enquête sur le don dans la parenté: cadeaux, hospitalité, aide circulent de façon impressionnante entre les membres de la famille. L'appât du gain y est très rare. On ne donne pas à ses parents, à ses frères, à ses sœurs pour faire du profit. L'héritage, le don du sang, le don d'organes qui prend de plus en plus d'importance, le don humanitaire. Et aussi tout ce qu'on donne aux enfants dans cette société... c'est absolument fou ce qu'on donne aux enfants! On n'a probablement jamais autant donné aux enfants que dans la société actuelle.

Bref le don existe. Il est très important. Et donc la question se pose: s'il est vrai que la seule tendance fondamentale, que le moteur de l'action humaine des individus dans cette société, c'est l'appât du gain, comment peut-on expliquer l'importance du don malgré cette tendance? Autrement dit: pourquoi les gens donnent-ils s'ils sont tous fondamentalement seulement des égoïstes?

Le devoir de donner

Une première réponse serait de dire qu'alors qu'on pensait que la bonne vieille morale traditionnelle était moribonde, elle serait en fait encore beaucoup plus présente qu'on l'imaginait. L'égoïsme naturel de l'individu serait encore «contenu» par la morale, par les obligations, par les contraintes morales traditionnelles, religieuses ou non, malgré tout ce qu'on a dit sur le développement de l'individualisme et sur l'érosion des valeurs. Autrement dit, et pour faire court, on donnerait encore par devoir. Or toutes les recherches sur le phénomène du don que j'ai mentionnées jusqu'à maintenant, et beaucoup d'autres, montrent que ce n'est pas exact. Ce n'est pas pour cette raison qu'on donne aujourd'hui. Toutes les personnes interrogées — et on retrouve ici une rare unanimité — tiennent au contraire à affirmer que ce n'est pas par obligation, que ce n'est pas par devoir, que ce n'est pas par contrainte morale qu'ils agissent ainsi. Ils tiennent donc tous à affirmer qu'ils donnent librement. Ce n'est donc pas pour obéir à une règle, à une loi morale qui s'imposerait à eux.

On constate même un phénomène intéressant et surprenant à propos du don et des rapports qu'il a avec l'obéissance aux règles. Il existe une tendance dans le don à enfreindre les règles, à aller contre les règles. Dans notre recherche sur le don dans les réseaux de parenté, on rencontre un certain nombre de personnes appartenant au même réseau: des grands-parents, oncles, tantes, frères et sœurs... On leur demande par exemple comment ça se passe dans leur parenté à Noël, aux anniversaires; quels sont les cadeaux qui sont offerts, qui reçoit qui pour le réveillon, etc. Et on leur demande aussi quelles sont les règles. Par exemple, pour les cadeaux de Noël, dans plusieurs cas, on nous parle du système de la pige. On nous dit: «Oui, nous autres on a établi des règles, chacun pige un nom, on ne dépasse pas cinquante dollars pour le cadeau.» Voilà les règles. Un peu plus tard durant l'entrevue on leur demande de nous décrire comment ça s'est passé à Noël l'année précédente. «Ça s'est passé de cette façon, disent-ils; mais en plus, ma sœur a apporté des confitures qu'elle avait faites... et les cadeaux, ça tournait plutôt autour de 75 dollars.» Il s'est souvent passé un tas de choses

en dehors des règles qui avaient été établies: des pe-
tits cadeaux en plus, sans compter le fait qu'on a
souvent dépassé le montant fixé. En outre, cet excès
est souvent ce qui est le plus apprécié. Ce n'est pas
ce qui s'est fait à l'intérieur de la règle, mais ce qui
s'est fait en dehors de la règle, en dehors de ce qui
était nécessaire de faire, qui compte le plus.

On pourrait donc dire que non seulement on ne
donne pas pour obéir à des règles, mais qu'il existe
même une tendance à sortir de la règle, et ce, même
pour des règles que les partenaires ont eux-mêmes
établies d'un commun accord, comme le système de
pige. Il y aurait donc une règle plus importante, ce
qu'on pourrait appeler une méta-règle du don, à
l'effet de ne pas obéir aux règles que les donneurs
eux-mêmes se fixent. On se retrouve alors fort loin
de la morale du devoir lorsqu'on fait de telles cons-
tatations, qui d'ailleurs ne valent pas seulement pour
le don dans la parenté et entre les proches. Car on
constate aussi quelque chose d'analogue même chez
les bénévoles. Les gens qui font du bénévolat tiennent presque tous, aujourd'hui, à se distinguer et à
prendre distance par rapport à la morale traditionnelle. Ils disent qu'ils ne font pas ça par sacrifice et
tiennent à affirmer qu'ils ont souvent du plaisir à

faire du bénévolat et qu'ils font ça librement, pas du tout par devoir. La liberté, encore là, est extrêmement importante. D'ailleurs bénévoles, en anglais, se dit *volonteers*, et désigne donc un acte posé volontairement (on dit aussi «volontaires» parfois en français, mais surtout pour désigner ceux qui participent au don humanitaire et «donnent» quelques années de leur vie). Les bénévoles vont même souvent jusqu'à dire qu'ils reçoivent plus que ce qu'ils donnent. Ce qui est un peu paradoxal et nous conduit à la deuxième explication courante.

Le don hypocrite

Si ce n'est pas la morale qui explique qu'on donne encore beaucoup, c'est, dira-t-on, le fait qu'ils reçoivent plus qu'ils ne donnent. Ce n'est pas par devoir, mais c'est par égoïsme. Au fond, tout cela se résume très simplement: on donne pour recevoir. Finalement — et c'est pour cette raison que je parlais au tout début d'hypocrisie —, le don est une forme d'échange hypocrite. Il y a beaucoup d'auteurs, dont des sociologues comme Bourdieu, qui ont parlé de l'hypocrisie du don, des échanges par don. On pourrait d'ailleurs illustrer cette conception par le langage autour du don qui serait justement un langage d'hypocrite. Vous avez sûrement tous entendu, et vous avez peut-être même prononcé vous-même ces phrases quasiment rituelles à l'occasion d'un cadeau. Quelqu'un offre un cadeau à une personne et alors, celui qui le reçoit dit: «Mais voyons donc! Tu n'aurais pas dû! C'est bien trop! C'était pas nécessaire de faire ça.» Et l'autre, celui qui a donné, rétorque: «Mais non, penses-tu, c'est rien du tout, voyons!» Alors que chacun pense, souvent, le contraire. Celui qui dit que ce n'est rien du tout pense plutôt qu'il a fait un très beau cadeau. Et le receveur peut penser que ce n'est pas si extraordinaire; à tout le moins, il ne pense probablement pas que le donneur n'aurait pas dû, surtout s'il croit par ailleurs, comme il le dit, que c'est un cadeau magnifique. Donc le langage du don serait un langage hypocrite, un langage faux qui sert à cacher l'intérêt et met en évidence l'hypocrisie du geste lui-même. Si on donne de moins en moins pour obéir à la morale, c'est tout simplement parce qu'on le fait de plus en plus par intérêt.

La réduction moderne du don

Je voudrais maintenant démontrer que ce n'est pas aussi simple. Cette interprétation réduit le don à un échange de type marchand. Certes, on l'a vu, il est vrai que le don est parfois instrumental. Mais même quand il est utilisé comme moyen, on peut se poser la question: pourquoi parle-t-on de don à ce moment-là? Pourquoi ne parle-t-on pas simplement d'un échange? Et pourquoi ce langage hypocrite? À quoi ça sert? Pour quelles raisons l'humanité serait-elle aussi hypocrite, se cacherait-elle autant les choses, en particulier dans la société moderne? Car l'individu moderne est réaliste. On ne lui raconte pas d'histoires comme aux «sauvages» naïfs des sociétés archaïques à qui on peut faire croire n'importe quoi! Même si on admet la thèse de l'égoïsme et de l'hypocrisie, il faut reconnaître une différence entre certains gestes qu'on appelle des dons et un échange chez le marchand. On sent bien qu'il y a quelque chose de différent, qui ne se réduit pas à l'hypocrisie. Qu'il y a quelque chose de commun entre tous ces gestes qui vont du bénévolat au cadeau d'anniversaire, au don du sang. Quelque chose de commun entre eux et de différent du fait qu'on va acheter un produit au magasin.

Qu'est-ce qui diffère de l'échange marchand?

Quand on pose des questions à ceux qui donnent, quand on leur demande pourquoi ils donnent, au moins deux choses ressortent. La première, c'est, je l'ai dit tout à l'heure, la liberté. L'absence d'obligation qui caractérise ce geste-là. Absence d'obligation, cela veut dire absence de contrat, absence de contrainte (contrainte-contrat, c'est la même racine), vis-à-vis le receveur et également, évidemment, absence d'obligation de rendre pour le receveur. Cet aspect est indéniablement différent du geste d'acheter quelque chose chez le marchand. Il y a alors un contrat implicite: je vous donne vingt dollars et vous me donnez en échange cet objet, cette marchandise; et même on signe quelque chose, ou on a une facture, un *reçu*. C'est un contrat, c'est-à-dire une obligation entre les partenaires qui n'existe pas dans le don. Et si on se rappelle l'exemple des calendriers offerts par le marchand à sa clientèle à Noël, on comprend mieux pourquoi même dans ce cas on parle d'un don. C'est que même si le marchand offre ses calendriers dans le but de recevoir, pour que les gens viennent acheter chez lui, rien ne lui garantit qu'ils vont venir. Ils demeurent entièrement libres; ce n'est pas un contrat comme tout ce que le marchand vend par ailleurs.

Cette liberté entraîne donc la non-garantie du retour. Il s'agit là d'une différence importante par rapport aux autres façons de faire circuler les choses. Prenons l'exemple du don du sang. Qu'est-ce qui fait qu'on parle de don à propos du don du sang? Par rapport à un échange commercial, c'est évident. Il y a des systèmes, comme aux États-Unis, où le «don» est acheté. Quelqu'un va «donner» du sang et on lui donne en échange vingt dollars. Ce n'est pas un don, c'est évident, c'est un échange, un retour immédiat: il est payé pour ça. C'est la situation habituelle de ce qui circule dans le marché. La différence est évidente. Mais elle l'est moins par rapport, par exemple, à un système d'assurances. Le système du don de sang est une sorte de système d'assurances. Mais il y a une différence essentielle quand on parle du don, quand on dit que c'est un système du don. Dans un vrai système d'assurances, on paie un montant annuel, et si on est malade ou s'il nous arrive quoi que ce soit, on a un service garanti, un service «assuré» en échange d'un paiement. Dans le don du sang, ça n'existe pas. Le donneur est entièrement libre d'aller donner son sang. Il n'a pas à payer de montant annuel pour recevoir le service. Il est même tellement libre qu'il n'a même pas besoin d'en donner pour profiter du système et pour en recevoir s'il est malade. C'est donc une différence essentielle par comparaison avec un système d'assurances où il faut payer pour être bénéficiaire ou avec un système public d'assurances, dans lequel on contribue par l'impôt. Comme son nom l'indique, si elle est imposée, cette contribution n'est pas libre.

Donc, même si on pose ce geste de don de sang pour recevoir, il n'y a jamais de garantie de retour. C'est une première caractéristique qui est fondamentale et qui distingue le don des autres systèmes sociaux. Qu'est-ce que ça implique, cette absence de garantie qui vient de la liberté du donneur et du receveur? Cela suppose une confiance importante dans les autres. Le don, c'est le système de circulation des choses qui demande le plus de confiance en autrui. Car il suppose que, même si on fait le geste du don dans le but de recevoir, les autres, étant libres eux aussi, vont le faire volontairement, sans aucune obligation. Donc, même si on le fait pour recevoir, il y a déjà une différence importante entre un système de don et un autre système. C'est la confiance aux autres qui, seule, assure le retour. Mais en fait, on ne le fait pas toujours dans ce but, ou on ne le fait pas principalement pour recevoir. Pour illustrer cette dernière affirmation, poursuivons avec l'exemple du sang. On ne donne pas du sang principalement pour en recevoir. Pourquoi? D'abord parce que les donneurs nous le disent dans les enquêtes. D'ailleurs, la plupart souhaitent ne jamais en avoir besoin, évidemment. Mais cette raison s'applique également aux régimes d'assurances. Il y a aussi une autre raison: c'est que, comme on l'a vu tout à l'heure, ils n'ont pas besoin de donner du sang pour éventuellement en bénéficier. Ils peuvent, comme disent les Américains, être *free rider* dans ce système. Alors, s'ils n'ont pas besoin d'en donner pour en bénéficier, en terme de pur intérêt, on n'a absolument pas intérêt à en donner. On va en bénéficier de toute façon. Donc, il est très probable qu'on ne donne pas du sang principalement pour en recevoir.

Ce qui est vrai pour le don du sang s'applique également au bénévolat. On a vu que les bénévoles disent souvent qu'ils reçoivent beaucoup. Mais ils disent aussi que ça arrive par surcroît. Ils disent qu'ils ne font pas de bénévolat dans ce but. Et on ne voit pas pourquoi on ne les croirait pas dans un premier cas, quand on les croit quand ils disent qu'ils reçoivent beaucoup. Ou on ne les croit pas dans les deux cas, ou on les croit dans les deux.

Enfin c'est encore plus évident dans le cas des rapports personnels, avec les proches. Si chacun réfléchit sur ce qui se passe dans ses rapports avec ses parents et ses amis, on va vite se rendre compte qu'on ne leur donne pas de cadeaux dans le but d'en recevoir. Ou, si parfois on fait ça, s'il arrive qu'on négocie quelque chose avec quelqu'un qui est un proche, on ne dira plus que ça fait partie du don. Ça ne fait plus partie des cadeaux; ça fait partie d'un autre système qui ressemble au marché. Quand on négocie dans le domaine du don, ça cesse d'être un don. Mais il est très rare qu'on invite quelqu'un à souper en lui disant: «Je t'invite, mais à condition que tu m'invites la semaine prochaine ou dans deux semaines ou dans un mois.» Dans les entrevues que nous avons réalisées, on a même rencontré un cas où ce genre de comportement a provoqué l'effet contraire. Des Québécois ayant été hébergés à Paris se sont fait dire par leurs hôtes au moment de leur départ: «On va aller au Québec bientôt et on espère bien que vous allez nous recevoir vous aussi.» La réaction a été très négative: «Ça nous a tellement vexés qu'on n'avait plus envie de les recevoir.» Quand on est dans le don, le fait de vouloir s'assurer du retour peut avoir l'effet contraire: empêcher le retour. En fait, quand on invite quelqu'un à souper, et quand il s'en va, loin de dire: «J'espère que tu vas m'inviter la semaine prochaine», on dit parfois au Québec: «Comptez pas les tours, on n'est pas sorteux.» C'est-à-dire exactement l'inverse. On essaie de s'éloigner de ce modèle du retour assuré.

Bref, ce n'est pas parce qu'on reçoit à son tour qu'il faut conclure qu'on a donné dans ce but. C'est beaucoup plus subtil. C'est l'erreur des utilitaristes: ils confondent le fait de recevoir avec l'intention de recevoir. On peut recevoir et être content de recevoir. Cela ne signifie pas qu'on avait donné dans ce but. En outre il est essentiel de toujours laisser l'autre le plus libre possible de le faire, libre autant du moment que de la manière. On revient toujours à cette caractéristique qui est essentielle dans le domaine du don: la liberté. Pourquoi cette caractéristique est-elle si importante?

La liberté du don

Si on se pose la question chacun pour soi, je pense que la réponse est vite évidente. C'est parce que plus l'autre est libre, plus le fait qu'il va nous donner quelque chose va avoir de la valeur pour nous quand il va nous le donner. Au contraire, plus on pense qu'il a donné par obligation, moins ce qu'il nous donnera aura de la valeur. Prenons l'exemple des anniversaires de naissance, ce qui va en même temps illustrer le langage qui accompagne le don. On préfère ne pas dire la date de notre anniversaire à quelqu'un qui nous est cher, en espérant que la personne va s'en souvenir. Ou alors, on va faire une allusion; ou encore on va s'arranger pour que quelqu'un d'autre le sache et lui rappelle l'événement. Pourquoi faire tant d'histoires? dirait un utilitariste. Tout simplement pour laisser la personne libre de faire quelque chose ou de ne rien faire. Car si c'est nous qui le disons directement, on craint qu'il se sente obligé de faire quelque chose, qu'il ne le fasse pas «de bon cœur», comme on dit. C'est pourquoi encore, à la limite, on va lui dire, mais en ajoutant aussitôt: «Surtout ne fais rien de spécial.» Même si on a follement envie qu'il fasse quelque chose... Même si on va être très content s'il fait quelque chose...

Ce comportement nous ramène encore à la question de l'hypocrisie. Qu'on aurait pu appliquer aussi à la phrase «Comptez pas les tours, on n'est pas sorteux». Mais si on accepte l'idée de la liberté, l'idée de la nécessité de la liberté dans le don, on constate que ça n'a rien à voir avec l'hypocrisie. Tous ces échanges de mots autour du don servent à maintenir la liberté qui est essentielle au don. Le langage du don, pour revenir à la question de départ, loin d'être hypocrite, sert à libérer l'autre en permanence de l'obligation de réciprocité qui découle du don. Ce langage, qui a l'air hypocrite, fait en sorte que le retour, si jamais il y a retour, sera aussi un don. Ce qui revient à dire qu'il va être libre lui aussi. C'est un langage qui est complètement à l'opposé de la négociation qui, elle, veut aboutir à un contrat, à une entente qui oblige chacune des parties à un engagement réciproque. Dans le don, au contraire, plus on libère l'autre de son obligation de donner, plus le don qu'il fera aura de la valeur pour nous. Au point où on dira aussi souvent qu'on préfère ne rien avoir plutôt que de recevoir un cadeau d'une personne qui s'est sentie obligée de le faire.

Pour conclure, revenons au thème de départ, l'appât du gain et le passage à l'appât du don. Si on accepte ces caractéristiques du don, sa liberté, sa non-garantie de retour, on en arrive à avoir une tout autre conception de l'individu moderne dont tout le comportement serait fondé sur l'appât du gain. Les individus modernes, comme les autres, aiment faire des cadeaux, aiment donner, et aiment recevoir sous forme de don aussi. Ils aiment que les choses circulent entre eux à la façon du don, c'est-à-dire que les choses ne circulent pas uniquement sous la forme du marché ou en passant par l'État, c'est-à-dire en étant assuré de recevoir un certain nombre de services qu'on obtient en payant nos impôts. Le marché et la sécurité sociale sont certes deux inventions formidables qu'il ne faut pas renier pour autant, car elles ont accru la sécurité matérielle, diminué les injustices et accordé des droits à tous les membres de la société. L'État et le marché sont aussi très pratiques, surtout quand on ne souhaite pas établir des rapports personnels avec les gens. Mais ils sont insuffisants dans nos rapports personnels, dans nos rapports avec ceux qui comptent vraiment dans nos vies. Parce que le marché et l'État sont deux institutions neutres; elles ne nourrissent pas nos liens sociaux, elles sont extérieures par rapport aux liens avec les personnes qui nous sont proches; et surtout elles ne sont pas libres à la manière du don. C'est pourquoi avec ceux qui sont proches, ceux qui comptent, on aime faire passer les choses par le don, faire et donner par plaisir en ayant confiance qu'on ne se fera pas avoir.

Donner en ayant confiance qu'on ne se fera pas avoir, c'est la base de toute société. S'il n'y a pas cette confiance, il n'y a pas de société possible. C'est la lutte contre le déterminisme, contre la nécessité: «Tu n'aurais pas dû, ce n'était pas *nécessaire*», dit-on à celui qui nous offre quelque chose, libérant ainsi le don de l'ordre de la nécessité.

Revenons avant de terminer sur ce thème de la liberté. Le don s'oppose aux systèmes mécanistes et déterministes pour se rapprocher de la vie. Le don, c'est l'état d'une personne qui, résistant à l'entropie, transcende l'expérience mécanique déterministe de la perte en se reliant à l'expérience de la vie, à l'apparition, à la naissance, à la création.

Il existe une tension permanente entre l'état de don et des systèmes plus mécanistes comme le marché et l'État. Ces derniers tendent toujours à ramener la circulation des choses à leur loi, celle de l'équivalence mécanique; celle de la nécessité qui est tellement plus rassurante que la liberté. Et de son côté le don tend aussi à ramener les autres systèmes à sa règle, qui consiste à libérer l'échange et faire apparaître quelque chose de non prévu, en plus, qui sort des règles. Un dernier exemple simple illustrera cette idée. On paie pour un spectacle. En échange l'artiste présente (donne...) son spectacle. C'est l'insertion d'un échange humain dans l'équivalence marchande.

Mais on constate que cela ne suffit pas. Si quelque chose a vraiment «passé» le soir du spectacle, les spectateurs applaudissent, manifestent autrement qu'en ayant payé. Ils donnent quelque chose à l'artiste, un surplus, un supplément hors du système marchand. L'argent ne suffit pas. En réaction l'artiste offre un rappel. Il donne quelque chose aux spectateurs de non prévu, hors contrat, gratuitement, c'est-à-dire librement. Il crée, ou maintient un lien vivant entre lui et les spectateurs. Il n'est pas «tenu» de faire ce rappel par le contrat qui le lie aux spectateurs qui ont payé. C'est un surplus, ce n'est pas dans l'équivalence marchande. Mais cela peut le devenir avec le temps, l'habitude, la répétition. Le système d'équivalence tend à intégrer ce surplus qu'introduit le don, à le ramener à un échange équivalent. Mais alors on aura tendance à inventer quelque chose d'autre, à continuellement sortir de ce qui se fige, de ce qui devient une norme. Tant que le rapport entre les protagonistes est vivant, il y a cette tendance à fuir les équivalences mécaniques, calculables, par des «gestes» que le système va avoir tendance à son tour à normaliser, à contractualiser. Par cette résistance le système prouve ainsi qu'il est vivant et donc qu'il engendre quelque chose. Si l'équivalence l'emporte, c'est la fin de la vie dans ce système. Ce qui ne l'empêche pas d'être un système mécanique bien rodé et fort utile. Mais il y a quelque chose qui ne passe plus entre les membres du système: l'esprit, la vie, la création, le don. Et chaque don est la répétition de la naissance, de l'arrivée de la vie; chaque don est un saut mystérieux hors du déterminisme.

C'est pourquoi le don s'accompagne souvent d'un certain sentiment d'euphorie et de l'impression de participer à quelque chose qui dépasse le déterminisme de l'ordre matériel. Il m'arrive de croire qu'en s'abandonnant à l'expérience du don, en acceptant d'être dépassé par ce qui passe par nous, on vit quelque chose qui n'est pas totalement étranger à l'expérience mystique, ou à la transe. On pourrait alors imaginer que l'expérience du don c'est un peu le mysticisme à la portée du commun des mortels, le mysticisme à usage courant, l'extase à petite dose, la démocratisation de l'expérience mystique et du sentiment océanique... dans ces sociétés qui ont éliminé la transe et toutes les formes d'expérience non rationnelles. Le don, comme dirait Prévert, c'est la transe-sans-danse!

Renverser la perspective

Pourquoi donne-t-on? Si on admet ce qui précède, la réponse est simple: pour se relier, se brancher sur la vie, pour faire circuler les choses dans un système vivant, pour rompre la solitude, faire partie de la chaîne à nouveau, transmettre, sentir qu'on n'est pas seul et qu'on «appartient», qu'on fait partie de quelque chose de plus vaste, et notamment de l'humanité, à chaque fois qu'on fait un don à un inconnu, étranger, vivant à l'autre bout de la planète, qu'on ne verra jamais. Du cadeau aux proches à l'aumône dans la rue au don du sang, c'est fondamentalement pour sentir cette communication, pour rompre l'isolement, d'où ce sentiment de puissance, de transformation, d'ouverture, de vitalité qui vient aux donneurs, qui disent qu'ils reçoivent plus qu'ils ne donnent souvent dans le fait même de donner.

Et alors on arrive à se demander s'il ne serait pas intéressant de renverser la perspective du début, la perspective dominante dont je parlais, qui est celle de l'appât du gain. Au lieu de partir de l'appât du gain, on ferait le postulat de l'appât du don. On poserait comme postulat que les êtres humains ont d'abord envie de donner. Qu'ils reçoivent, qu'ils acquièrent dans ce but plutôt que l'inverse. Alors la question à poser à propos du don n'est plus la question du début: «Qu'est-ce qui fait qu'on donne malgré le fait qu'on soit fondamentalement des égoïstes, des receveurs, qu'on soit fondamentalement motivé par l'appât du gain?» La question est renversée et elle devient: qu'est-ce qui empêche de donner? qu'est-ce qui fait qu'un certain nombre de personnes ne donnent pas, ou donnent peu? Ou encore: qu'est-ce qui fait que dans certaines circonstances on ne donne pas, alors que dans d'autres on est plus porté à donner? On renverse le sens de la question. Si je pouvais oser une analogie, je dirais que c'est comme ce qui s'est passé en physique au moment où on a cessé de se demander pourquoi les corps se mouvaient. Pendant des siècles, on s'est demandé quelle est la force qui fait que les corps bougent malgré leur tendance naturelle à l'inertie, à être immobiles. Ils bougent malgré tout. Alors quelle est donc cette force qui les fait bouger? Pendant des siècles on se posait la question de cette façon. Mais un jour, il y a un physicien (je ne me rappelle plus lequel) qui a renversé la question. Il a postulé que la tendance des corps était de poursuivre éternellement leur mouvement, une fois qu'ils étaient en mouvement, si rien ne les arrête. Donc, il s'est posé la question contraire. Qu'est-ce qui fait que le mouvement s'arrête? Quelle résistance les corps rencontrent-ils pour qu'ils finissent par s'arrêter? Et c'est parce qu'on a renversé le sens de la question qu'on a découvert les grandes lois du mouvement. En faisant le postulat de l'appât du don au lieu de celui de l'appât du gain, on opère aussi un renversement. La question devient alors: qu'est-ce qui empêche les membres d'une société de donner? C'est un peu de cette manière que j'essaie d'aborder le don maintenant, en me demandant ce qui freine l'appât du don, ce qui fait que l'on retient les choses au lieu de les faire circuler, ce qui fait que l'on résiste au don.

Le langage du don

Je termine en revenant à la question du début. Le langage du don, loin d'être hypocrite, permet à l'offrande de s'effectuer, au don de circuler en signifiant quelque chose, en ayant ce que l'on pourrait appeler une valeur de lien, au-delà de sa valeur économique et de sa stricte utilité. Autrement dit, le langage qui existe autour du don permet au don d'exprimer quelque chose et donc d'être lui-même aussi un langage. Qu'est-ce que ce langage exprime? C'est le langage de quoi? Je pense tout simplement que c'est le langage de l'amour. Évidemment! L'appât du don, «la passion pure et simple de donner et de recevoir en retour» (Malinowski, 1989, p. 234), repose tout simplement sur le besoin d'aimer et d'être aimé qui est aussi fort, et même probablement plus fort et plus fondamental que le besoin d'acquérir, d'accumuler des choses, de gagner des biens qui définit l'appât du gain. L'Homme est d'abord un être de relation et non un être de production.

Références

BENTHAM, Jeremy (1989), «Les calculs des plaisirs et des peines», *La revue du MAUSS*, (5):69-75.

GODBOUT, Jacques T. et Alain CAILLE, coll., (1992), *L'esprit du don*, Montréal et Paris, Boréal et La Découverte.

GOULDNER, Alvin W. (1960). «The Norm of Reciprocity», *American Sociological Review*, 25(2):161-178.

HIRSCHMAN, Albert O. (1977), *The Passions and the Interests: Political Arguments for Capitalism before its Triumph*, Princeton, Princeton University Press.

LANE, Robert E. (1991), *The Market Experience*, New York, Cambridge University Press.

MALINOWSKI, Bronislaw (1963), *Les Argonautes du Pacifique occidental*, Paris, Gallimard.

MANDEVILLE, Bernard (1713), *La fable des abeilles. Vices privés, vertus publiques.*

SMITH, Adam (1976, cc 1776), *Recherche sur la nature et les causes de la richesse des nations*, Paris, Gallimard.

WUTHNOW, Robert (1991), *Acts of Compassion, Caring for Others and Helping Ourselves*, New Jersey, Princeton University Press.

Collection GRANDES CONFÉRENCES

Créée par le Musée de la civilisation à Québec, la collection «Grandes conférences» regroupe également des textes de conférences prononcées en d'autres lieux (voir dans la liste qui suit les titres marqués d'un astérisque).

ROLAND ARPIN
Une école centrée sur l'essentiel *

BERTRAND BLANCHET
*Quelques perspectives pour
le Québec de l'an 2000*

PIERRE DANSEREAU
*L'envers et l'endroit.
Le désir, le besoin et la capacité*

JOËL DE ROSNAY
*L'écologie et la vulgarisation scientifique.
De l'égocitoyen à l'écocitoyen*

JACQUES T. GODBOUT
Le langage du don

GISÈLE HALIMI
*Droits des hommes et droits des femmes.
Une autre démocratie*

NANCY HUSTON
Pour un patriotisme de l'ambiguïté.
Notes autour d'un voyage aux sources *

ALBERT JACQUARD
Construire une civilisation terrienne

CLAUDE JULIEN
Culture: de la fascination au mépris

HENRI LABORIT
Les bases biologiques
des comportements sociaux

JEAN-FRANÇOIS MALHERBE
L'incertitude en éthique *

ILYA PRIGOGINE
Temps à devenir
À propos de l'histoire du temps

MICHEL SERRES
Les messages à distance